Christina Klein

Die wichtigsten Fragen und Antworten zum Unterhalt für bedürftige Eltern

Christina Klein

Die wichtigsten Fragen und Antworten zum Unterhalt für bedürftige Eltern

interna
Ihr persönlicher Experte

Sie haben einen Ratgeber aus unserem Verlagsprogramm erworben. Damit haben Sie sich ständige Aktualität gesichert: Denn wir produzieren unsere Bücher für Sie digital, damit Sie nicht erst auf die nächste Auflage warten müssen, bis Sie von neuen Gesetzen oder Regelungen erfahren. Änderungen und Aktualisierungen arbeiten wir ohne Zeitverzögerung direkt in unsere Ratgeber ein. Unser monatlicher Newsletter informiert
Sie über Ratgeber-Aktualisierungen und Neuigkeiten zu Ihrem Interessengebiet – und zwar kostenlos. Denn wir möchten, dass unsere Kunden auch nach dem Kauf stets auf dem Laufenden bleiben. Abonnieren Sie einfach unseren kostenlosen Newsletter auf www.verlag-interna.de (Rubrik "Über uns").

VIB-Titelmeldung
interna
Die wichtigsten Fragen und Antworten zum
Unterhalt für bedürftige Eltern
ISBN 978-3-945778-26-5

Die Vertragstexte stellt Ihnen interna gern als Word-Dokument per E-Mail zur Verfügung. Senden Sie einfach eine E-Mail an info@verlag-interna.de.

Umschlaggestaltung: Matthias Kühl, Bonn
Satz: interna, Bonn
Druck: interna, Bonn
Lektorat: interna, Bonn

Verlag interna GmbH
Matthias-Grünewald-Str. 16, 53175 Bonn
www.verlag-interna.de
info@verlag-interna.de
Printed in Germany

Inhalt

1. Einleitung 7

2. Gesetzliche Grundlage 9

3. Auskunftspflicht der Parteien 21

4. Höhe des Unterhalts 25

5. Berechnung des Unterhalts. 29

6. Beteiligung des Amts für Soziales
und Senioren 41

8. Gerichtsurteile 45

1. Einleitung

Nicht nur die Eltern sind gesetzlich verpflichtet, für den angemessenen Unterhalt ihrer Kinder zu sorgen. Was nur wenige wissen: Auch Kinder müssen für ihre Eltern sorgen. Wenn die Eltern nicht mehr selbst die Kosten einer Unterbringung in einem Pflegeheim aufbringen können, springt oftmals der Sozialhilfeträger ein. Dieser wendet sich dann später an die Kinder und fordert die bezahlten Kosten zurück.

Die Kinder, die häufig auch bereits die 50 überschritten haben, befinden sich aber unter Umständen in einer schwierigen Lage: Sie sind oftmals ihren eigenen Kindern gegenüber unterhaltspflichtig und müssen dann doppelt Unterhalt bezahlen. Sie sollen aber nicht übermäßig eingeschränkt werden. Deshalb haben die Gerichte in den letzten Jahren eine Vielzahl von Entscheidungen getroffen, von denen Sie einige in Kapitel 7 finden.

Dazu zählt auch ein Urteil des Bundesverfassungs-gerichts aus dem Juni 2005. Danach müssen denjenigen, die zum Unterhalt herangezogen werden, eine eigene Altersvorsorge und ein angemessener Lebensstandard verbleiben.

Wie hoch ist der Unterhalt, den Sie gegebenenfalls an das Amt für Soziales und Senioren oder an Ihre Eltern bezahlen müssen? Er ist abhängig von Ihren Einkommens-verhältnissen. Gibt es eine bestimmte Summe, die man für sich behalten kann? Wie ist die Lage, wenn auf dem eigenen Haus z. B. eine Hypothek lastet, die monatlich getilgt werden muss? Müssen Reserven für die eigene Altersvorsorge angetastet werden? Diese Fragen – und viele mehr – werden Ihnen in den folgenden Kapiteln leicht verständlich erläutert.

2. Gesetzliche Grundlage

Gesetzliche Regelungen finden Sie in den §§ 1601 ff. des Bürgerlichen Gesetzbuchs (BGB). Dort heißt es in § 1601: „Verwandte in gerader Linie sind verpflichtet, einander Unterhalt zu gewähren." In gerader Linie sind Kinder mit ihren Eltern, Großeltern etc. verwandt, also die Personen, die von einander abstammen. Nicht einander zum Unterhalt verpflichtet sind Verwandte in der Seitenlinie, z.B. Geschwister und Verschwägerte.

Denjenigen, der den Unterhalt schuldet (das Kind), nennt man den Unterhaltspflichtigen oder -schuldner, denjenigen, der einen Anspruch auf Unterhaltszahlungen hat, den Unterhaltsberechtigten oder -gläubiger.

Der Unterhalt, den Eltern an ihre Kinder bezahlen müssen, richtet sich nach der so genannten Düsseldorfer Tabelle. Diese Tabelle ist kein Gesetz, sie wird von den Gerichten lediglich als Orientierungshilfe bei der Bemessung des Unterhalts herangezogen. Abweichungen von den Zahlen sind also immer möglich.

Für die Unterhaltspflicht von Kindern gegenüber den Eltern gilt ein abgeschwächter Maßstab. Der Unterhaltsbedarf bestimmt sich nach der Lebensstellung der Eltern, ist aber objektiv durch die Heimund Pflegekosten vorgeprägt. Die Bedürftigkeit der Eltern resultiert in der Regel daraus, dass sie im Alter nicht mehr über genug Vermögen verfügen, um die Kosten für ihre Heimunterbringung aufzubringen. Die Unterhaltspflicht der Kinder setzt aber auch voraus, dass diese leistungsfähig sind.

a) Bedürftigkeit: Ein Anspruch auf Unterhalt setzt grundsätzlich voraus, dass der Berechtigte bedürftig ist. Was darunter zu verstehen ist, erläutert § 1602 BGB. Dort heißt es: „Unterhaltsberechtigt ist nur, wer außerstande ist, sich selbst zu unterhalten." Die Bedürftigkeit besteht in der Vermögenslosigkeit und im Fehlen eines Einkommens.

Zum Einkommen zählen grundsätzlich alle Einkünfte in Geld oder Geldwert (z. B. Aktien der Firma, für die man tätig ist), die die Bedürftigkeit verringern oder beseitigen können. Die Herkunft des Geldes ist dabei bedeutungslos. Auch eine Summe, die durch Schwarzarbeit erzielt wird, zählt als Einkommen. Wie das Einkommen genau berechnet wird und welche Abzüge geltend gemacht werden können, wird vertieft in Kapitel 5 behandelt.

Wenn der Unterhaltsberechtigte keine Einkünfte erzielt, ist er nicht automatisch als bedürftig einzustufen. Es kommt vielmehr darauf an, ob er einer Erwerbstätigkeit nachgehen könnte. Dann wird ein fiktives Einkommen angesetzt. Die Frage, ob eine Person als erwerbstätig anzusehen ist oder nicht, ist natürlich abhängig von Alter, Krankheitszustand und Ausbildungsstand.

Die Bedürftigkeit liegt nicht vor, wenn Vermögen vorhanden ist. Dazu zählen Wertpapiere, Investmentfonds, Sparguthaben etc. Das Vermögen ist stets aufzubrauchen, so müssen z. B. Aktien oder Investmentfondsanteile verkauft werden. Dem Unterhaltsberechtigten muss allerdings ein so genannter Notgroschen (in Höhe von ca. 1.500 Euro, der Betrag ist allerdings keinesfalls bindend) für plötzlich auftretende Notfälle wie Krankheiten verbleiben. Es ist aber immer auf den Einzelfall abzustellen. So kann z. B. der Verkauf einer kleinen, selbst bewohnten Eigentumswohnung unwirtschaftlich sein, wenn eine Mietwohnung in vergleichbarer Größe und Lage auf Dauer teurer wäre. Zudem muss sich derjenige, der den Unterhalt verlangt, den ersparten Mietzins bedarfsmindernd anrechnen lassen.

Generell sollte eine sinnvolle Nutzung des Vermögens, wie im obigen Beispiel erläutert, Vorrang vor der Zerstörung (z. B. durch den Verkauf der Wohnung oder die Auflösung des Wertpapierdepots) haben.

b) Leistungsfähigkeit: Das Gesetz sagt nichts dazu, wann eine Person leistungsfähig ist. In § 1603 BGB ist nur erläutert, wann eine Person keinen Unterhalt bezahlen muss: Wer bei Berücksichtigung seiner sonstigen Verpflichtungen außerstande ist, ohne Gefährdung seines angemessenen Unterhalts den Unterhalt zu gewähren, ist nicht unterhaltspflichtig. Eine nur kurzfristige, vorübergehende Minderung der Leistungsfähigkeit, die z. B. dadurch entsteht, dass der Pflichtige einen Jobwechsel vornimmt und deshalb für ein oder zwei Monate arbeitslos ist, kann je nach Situation unbeachtlich sein. Vom Unterhaltspflichtigen wird nämlich erwartet, dass er für diese Zeit finanzielle Vorsorge getroffen und Rücklagen gebildet hat. Jedoch ist es nicht immer möglich, Geld zurückzulegen. Eine Belastung, die die Existenz bedroht oder zumindest eine unzumutbare Härte darstellt, braucht keiner hinzunehmen. Dann muss der Unterhaltsberechtigte in dieser Zeit eine Minderung seines Unterhalts in Kauf nehmen. Bitte beachten Sie aber, dass es immer auf die Umstände des Einzelfalls ankommt. Es ist vor allem auf den finanziellen Spielraum abzustellen, der dem Verpflichteten nach Deckung seines eigenen angemessenen Lebensbedarfs noch verbleibt.

Bei der Ermittlung der Leistungsfähigkeit ist auf das tatsächliche Einkommen abzustellen, also auf das Netto-Einkommen. Auch weitere Einkünfte sind von Bedeutung, z. B. Arbeitslosengeld, Einkünfte aus der Beteiligung an einer Firma, Zinsen aus Vermögensanlagen und Mieterträge.

Die Leistungsfähigkeit wird bei fehlendem eigenem Einkommen des Unterhaltspflichtigen in der Regel weder aus der Teilhabe am Einkommen des Ehegatten begründet noch aus einem fiktiven eigenen Einkommen, weil die Aufnahme einer Erwerbstätigkeit – anders als beim Ehegattenunterhalt – nicht zumutbar ist. Ist der angemessene Selbstbehalt des Unterhaltspflichtigen aber durch das Einkommen des Ehegatten gedeckt, hat der Unterhaltspflichtige eigene Einkünfte für den Unterhalt der Eltern einzusetzen.

Gegebenenfalls ist bei eigenem Einkommen des Ehegatten der Selbstbehalt des Unterhaltspflichtigen zu kürzen. Hat er allerdings schuldhaft seinen Arbeitsplatz verloren und bemüht er sich nicht, einen neuen zu finden, kann ein fiktives Gehalt bei der Berechnung seiner Leistungsfähigkeit mit einfließen.

Beim Selbstbehalt handelt es sich um einen Betrag, der dem Unterhaltspflichtigen für seine eigenen Belange verbleiben muss. Dieser bestimmt sich immer nach den Einkommens- und Vermögensverhältnissen.

Aber wie hoch ist der Selbstbehalt des Kindes? Er bemisst sich nach der Düsseldorfer Tabelle sowie nach den Leitlinien der jeweiligen Oberlandesgerichte (OLG; vgl. dazu Kapitel 5). In Deutschland gibt es insgesamt 24 OLGs. Die Gerichte sind überwiegend für Rechts-mittel gegen Urteile der Amts- und Landgerichte zuständig.

Auf Ihr Vermögen darf erst dann zugegriffen werden, wenn es das sogenannte „Schonvermögen“ übersteigt. Unter dem Begriff des Schonvermögens versteht man den Anteil des eigenen Vermögens, der nicht vor Bezug der Sozialleistung (in diesem Fall vor dem Bezug der Sozialleistung durch den bedürftigen Elternteil) verwertet werden muss.

Dazu gehört z. B. ein notwendiges Auto, ein selbst genutztes Eigenheim sowie gespartes Geld für die eigene Altersvorsorge. Es ist dabei unerheblich, ob Sie das Geld für die eigene Altersvorsorge in Aktien, Fonds oder auf einem Sparbuch angelegt haben. Zu beachten ist aber, dass seitens der Sozialämter keine einheitliche Festsetzung hinsichtlich der Höhe erfolgt. Je nachdem, in welchem Bundesland oder in welcher Stadt Sie leben, kann die Höhe des Schonvermögens variieren.

Wie berechnet sich der Betrag für die eigene Altersvorsorge? Der Bundesgerichtshof (BGH) hat entschieden, dass der Betrag ca. 5 % des während der bisherigen Arbeitszeit verdienten Einkommens ausmachen darf. Die Höhe von 5 % wird jedoch kritisiert und vielfach als zu gering betrachtet.

Warum? Es ist davon auszugehen, dass die gesetzlichen Renten immer niedriger ausfallen werden. Eine Erhöhung der Quote des Sparbetrags für die eigene Altersvorsorge könnte deshalb in Erwägung gezogen werden, um Armut im Alter zu vermeiden.

Hier ist jedoch die weitere Entwicklung abzuwarten – derzeit wird in der Regel von einem Betrag in Höhe von 5 % des durchschnittlichen Einkommens ausgegangen.

Beispiel 1: Sie haben während der letzten 20 Jahre durchschnittlich monatlich 2.500 Euro (brutto) verdient.

Der „Freibetrag" berechnet sich dann wie folgt:

5 % von 2.500 Euro = 125 Euro (Monat) x 12
= 1.500 Euro/Jahr.

Nach 20 Jahren beläuft sich der Betrag dann auf 30.000 Euro zzgl. Zinsen. Wie hoch die Zinsen sind, ist natürlich abhängig von der Form, in der das Geld angelegt wurde (Sparbuch, Geldmarktkonto, Aktien, Aktien- oder Rentenfonds etc.). Eine einheitliche Aussage über die Höhe der Zinsen kann hier deshalb nicht getroffen werden.

Beispiel 2: Sie haben während der letzten 30 Jahre durchschnittlich monatlich 4.000 Euro (brutto) verdient.

Der Freibetrag beträgt dann 72.000 Euro zzgl. Zinsen (5 % von 4.000 Euro = 200 Euro/Monat x 12 = 2.400 Euro/Jahr x 30).

Zu berücksichtigen ist allerdings, dass der Freibetrag in der Regel mindestens 80.000 Euro beträgt – wenn Sie nicht in Ihrer eigenen Immobilie wohnen.

Bei der Summe von 80.000 Euro handelt es sich um einen Durchschnittswert, der auch höher ausfallen kann. Das ist z. B. dann der Fall, wenn Sie in Ihrem Arbeitsleben wesentlich mehr als in den genannten Beispielen 1 und 2 verdient haben oder die Verzinsung überdurchschnittlich hoch war. Auf diesen Betrag kann seitens des Finanzamtes nicht zugegriffen werden, da es sich um Ersparnisse für die eigene Altersvorsorge handelt.

Heranzuziehen ist immer die konkrete Lebenssituation, in der sich der Unterhaltspflichtige befindet. Maßgeblich ist in diesem Zusammenhang, ob der Ehegatte des Unterhaltspflichtigen selbst Beiträge zur Rentenversicherung leistet oder nicht.

Ist das nicht der Fall, weil der Ehegatte kein eigenes Geld verdient, kann der Unterhaltspflichtige Beiträge für diesen vom Einkommen abziehen. In diesem Fall müsste der Unterhaltspflichtige nachweisen, dass er in irgendeiner Form für den nicht erwerbstätigen Ehegatten gespart hat. Diese Summe kann dann in Abzug gebracht werden, da es sich hier um Ersparnisse für die Altersvorsorge des Ehepartners handelt. Dies gilt natürlich nicht, sofern der

Ehegatte eigene Einkünfte hat und selbst Beiträge zur Rentenversicherung leistet oder in sonstiger Form für das Alter vorsorgt.

Auf Ihre selbst bewohnte Immobilie darf, wie bereits angesprochen, nicht zugegriffen werden – es sei denn, es handelt sich um eine Luxusimmobilie. Haben Ihnen Ihre Eltern vor Jahren das eigene Haus geschenkt, z. B., um Erbschaftssteuer zu sparen, kann die Schenkung bei Bedürftigkeit der Eltern ggf. wieder rückgängig gemacht werden. Voraussetzung ist aber dann, dass die Schenkung nicht länger als zehn Jahre zurückliegt.

c) Dauer: Der Unterhaltsanspruch erlischt mit dem Tod des Berechtigten oder des Verpflichteten. Im Regelfall dient der Unterhalt der Deckung des Lebensbedarfs, d. h. für die Unterkunft, für Strom, Essen und Trinken, Zeitungen etc. Er ist deshalb im Voraus zu entrichten.

Er kann aber ausnahmsweise rückwirkend (für die Vergangenheit) eingefordert werden, wenn die Voraussetzungen des § 1613 BGB vorliegen. Eine solche Ausnahme liegt dann vor, wenn der Unterhalts-berechtigte aus Gründen, die im Verantwortungsbereich des Unterhaltspflichtigen lagen, an der Geltendmachung seiner Ansprüche gehindert war. Beispiel: Der Unterhaltspflichtige verweigert dem Amt für Soziales und Senioren eine Aufstellung der Vermögenswerte.

Der Berechtigte kann für die Vergangenheit eine Zahlung nur von dem Zeitpunkt anfordern, zu welchem der Verpflichtete aufgefordert wurde, seine Vermögens- und Einkunftsverhältnisse offen zu legen.

d) Grundsicherung: Personen, die die Regelaltersgrenze erreicht haben, haben einen Anspruch auf soziale Grundsicherung im Alter.

Seit dem 1.1.2005 ist das in den §§ 41 ff. des 12. Buchs des Sozialgesetzbuchs (SGB XII) geregelt. Personen, die in den letzten zehn Jahren vor Antragstellung ihre Bedürftigkeit selbst schuldhaft herbeigeführt haben, dürfen keine Grundsicherung beantragen.

Reicht die Rente oder das Ersparte nicht mehr aus, werden von der sozialen Grundsicherung gewisse Leistungen übernommen, so z. B. die Kosten für Unterkunft und Heizung sowie ein bestimmter Betrag für den Unterhalt und die notwendige Versorgung. Die Höhe des Betrags wird halbjährlich von den Bundesländern neu festgelegt. Auch die Kosten für die Krankenversicherung werden übernommen. Der Staat holt sich das Geld dann von den Kindern zurück – man spricht hier von einem Regress (Rückgriff). Allerdings ist auf die Einkommensverhältnisse der Kinder abzustellen. Verdienen diese weniger als 100.000 Euro im Jahr, werden sie nicht vom Staat herangezogen.

Grundsätzlich wird vermutet, dass die Kinder diesen Freibetrag nicht überschreiten, im Einzelfall werden aber Überprüfungen vorgenommen. Auf das vorhandene Vermögen kommt es in diesem Zusammenhang nicht an, es sei denn, aus dem Vermögen werden Einkünfte erzielt.

Diese dürfen dann gemeinsam mit den übrigen Einkünften 100.000 Euro pro Jahr nicht überschreiten. Wird diese Grenze überschritten, werden diese Personen von dem Amt für Soziales und Senioren zur Rückerstattung aufgefordert.

Zu beachten ist jedoch, dass eine stationäre Unterbringung in einem Heim nicht von der Grundsicherung abgedeckt ist. Der Pflegebedürftige ist in diesem Fall weiterhin auf Sozialhilfe angewiesen, so dass das Sozialamt die fehlenden Kosten – die bei einer Heimunterbringung sich schnell auf 3.000 bis 4.000 Euro im Monat belaufen können – von den Kindern zurückfordern kann.

Hat ein Elternteil noch die Regelaltersgrenze erreicht und ist auch nicht erwerbsunfähig, hat er aber dennoch Sozialhilfe bezogen (z. B. war er selbstständig tätig und hatte keinen Anspruch auf Arbeitslosengeld), besteht ebenfalls kein Anspruch auf Grundsicherung. Das bedeutet, dass die Kinder voll regresspflichtig sind, also auch diejenigen, die weniger als 100.000 Euro im Jahr verdienen.

Der Unterschied zwischen Sozialhilfe und sozialer Grundsicherung besteht darin, dass diese von den Abkömmlingen in der Regel nicht zurückgefordert werden kann (außer bei denen, die mehr als 100.000 Euro im Jahr verdienen). Dadurch sinkt die Hemmschwelle vieler älterer Leute, die ihre Kinder nicht belasten möchten, vor der Inanspruchnahme des Staats.

Bitte beachten Sie, dass der Anspruch auf Grundsicherung neben dem Elternunterhalt nach dem Bürgerlichen Gesetzbuch besteht!

3. Auskunftspflicht der Parteien

Wie erfährt der Berechtigte überhaupt, ob er einen Unterhaltsanspruch hat? Im Gesetz ist in § 1605 BGB geregelt, dass Verwandte in gerader Linie einander verpflichtet sind, auf Verlangen über ihre Einkünfte und ihr Vermögen Auskunft zu erteilen, soweit dies zur Feststellung eines Unterhaltsanspruchs erforderlich ist.

Nachrangig haftende Verwandte wie Enkel und Urenkel sind nur dann zur Auskunft verpflichtet, wenn die vorrangig Haftenden nicht zahlen können. Grundsätzlich besteht auch keine Auskunftspflicht zwischen Verwandten in den Seitenlinien (z.B. zwischen Geschwistern). Oft hängt von deren Leistungsfähigkeit allerdings die Höhe der eigenen Unterhaltsverpflichtung ab.

Dazu ein Beispiel: Sie haben einen Bruder und eine Schwester. Ihre Mutter ist bedürftig und deshalb Ihnen gegenüber unterhaltberechtigt. Sie kann von Ihnen die Offenlegung Ihrer Vermögensverhältnisse verlangen.
Ihre Schwester weigert sich, zu zahlen, da sie angeblich leistungsunfähig ist. Ihr Bruder und Sie müssten daher den Anteil Ihrer Schwester mittragen.

In diesen Fällen haben Sie aber einen Auskunftsanspruch gegen Ihre Schwester. Sollte sich nämlich herausstellen, dass diese doch leistungsfähig ist, verringert sich Ihr eigener Anteil am Unterhalt Ihrer Mutter. Über die Höhe der Einkünfte müssen Belege vorgezeigt werden. Die Auskunftspflicht bezieht sich sowohl auf Einkünfte (das Einkommen, Erziehungs- oder Arbeitslosengeld) als auch auf das Vermögen (Aktien, Investmentfonds, Sparguthaben, Grundbesitz etc.).

Aber nicht nur der Unterhaltspflichtige, auch der Unterhaltsberechtigte muss offen legen, dass er tatsächlich bedürftig ist. Die Auskunftspflicht beider Seiten besteht nur dann, wenn ohne sie der Unterhaltsanspruch oder die Unterhaltsverpflichtung nicht festgestellt werden kann. Geschuldet wird dann eine detaillierte Übersicht über die eigenen Einkünfte und das eigene Vermögen, nicht aber eine Übersicht über Einkommen und Vermögen des Ehegatten.

Wie muss die Auskunft erfolgen? Es ist nicht ausreichend, einfach die Einkommensteuererklärung, den Antrag auf Arbeitslosengeld oder die Lohnsteuerkarte vorzulegen. Derjenige, der die Auskunft schuldet, hat diese nämlich so zu erteilen, dass sie dem Berechtigten ohne übermäßigen Aufwand die Berechnung seines Anspruchs ermöglicht. Mit anderen Worten: Die Auskunft sollte so verständlich wie möglich gegeben werden.

Wie soll die Auskunft aussehen, wenn kein regelmäßiges Einkommen bezogen wird? Bei selbstständig tätigen Unternehmern, Freiberuflern (z. B. Ärzte oder Rechtsanwälte, die eine eigene Praxis haben) oder Geschäftsführern mit einer Gewinnbeteiligung wird der Auskunftsanspruch nicht durch eine Aneinanderreihung der Einnahmen erreicht, sondern es ist erforderlich, dass eine detaillierte Übersicht über die Einnahmen und Ausgaben über einen längeren Zeitraum (in der Regel drei Jahre) erstellt wird. In allen Fällen muss die Auskunft schriftlich erteilt und vom Auskunftspflichtigen unterschrieben werden.

Weigert sich der Auskunftspflichtige, eine Vermögensübersicht zu erstellen, kann der Berechtigte Klage vor dem zuständigen Gericht erheben.

Es handelt sich dabei um eine so genannte Stufenklage: In der ersten Stufe wird auf Auskunftserteilung geklagt, in der zweiten Stufe darauf, dass die Auskunft eidesstattlich versichert wird, und in der dritten darauf, dass der so ermittelte Unterhaltsbetrag bezahlt wird.

Wird die Auskunft falsch erteilt oder verweigert, kann dies zu einem Schadensersatzanspruch führen.

4. Höhe des Unterhalts

Die Höhe des zu gewährenden Unterhalts bestimmt sich nach der Lebensstellung des Bedürftigen. Gesetzlich geregelt ist das in § 1610 BGB. Unterhalt bedeutet die Gewährung des gesamten, unter Umständen auch eines gehobenen Lebensstandards, allerdings nicht eines Lebens in Luxus. Dazu gehören die Kosten für die Unterbringung, Aufwendungen für Nahrung und Bekleidung, ärztliche Versorgung, Krankenversicherung, allerdings nicht für eine Fortbildung oder Umschulung. Das Gesetz nennt keine genauen Zahlen.

Der Unterhaltsanspruch kann nach § 1611 BGB aus Billigkeitsgründen gemindert, zeitlich begrenzt oder ganz versagt werden, wenn die Inanspruchnahme des Unterhaltspflichtigen grob unbillig wäre. Was versteht man unter „grober Unbilligkeit“? Dazu folgende Beispiele:

- Der Unterhaltsberechtigte ist durch eigenes sittliches Verschulden bedürftig geworden. Das ist z. B. der Fall, wenn er seinen Arbeitsplatz infolge von Faulheit oder andauernder Unpünktlichkeit verloren hat oder wenn er sein gesamtes Vermögen verspielt oder verschwendet hat. Ein solches Verschulden kann auch dann vorliegen, wenn der Berechtigte durch sein Verhalten drogen- oder alkoholabhängig geworden ist und sich weigert, eine Entziehungskur zu machen oder ärztliche Anweisungen zu befolgen.

- Wenn der Unterhaltsberechtigte gegenüber dem Unterhaltspflichtigen früher selbst die Unterhaltspflicht grob vernachlässigt hat, kann der Unterhalt erheblich gekürzt werden oder sogar ganz wegfallen.

• Der Unterhaltsberechtigte hat sich absichtlich einer schweren Verfehlung gegenüber dem Unterhaltspflichtigen oder seinen nahen Verwandten schuldig gemacht. Zu den Verfehlungen zählen z. B. tiefe Kränkungen, der Ausdruck vollständiger Verachtung, tätliche Angriffe und ständige schwere Beleidigungen.

Liegt einer dieser Fälle vor, braucht der Unterhaltspflichtige nur einen Beitrag zum Unterhalt in der Höhe zu leisten, die der Billigkeit entspricht. Hier nennt das Gesetz ebenfalls keine Zahlen – es ist immer auf den Einzelfall abzustellen.

Die Verpflichtung fällt ganz weg, wenn die Inanspruchnahme des Verpflichteten grob unbillig wäre, d. h., wenn einer der oben genannten Fälle vorliegt und es dem Pflichtigen unter Abwägung aller Umstände nicht zuzumuten wäre, Unterhalt zu bezahlen.

Müssen dann die Enkelkinder für ihre Großeltern einspringen? Nein, in diesen Fällen kann der nachrangig Verpflichtete nicht mehr in Anspruch genommen werden. Der Bedürftige ist dann auf Sozialhilfe angewiesen.

Liegen die oben genannten Fälle nicht vor und besteht ein Anspruch auf Unterhalt, stellt sich die Frage nach der Art des Unterhalts. Normalerweise ist er durch Entrichtung einer Geldrente zu gewähren.

Diese muss monatlich im Voraus bezahlt werden. In besonderen Fällen kann davon abgewichen werden, allerdings nur dann, wenn schwerwiegende Gründe vorliegen. Es reicht nicht aus, dass der Unterhalts-pflichtige geltend macht, eine andere Form der Vergütung sei für ihn zweckmäßiger oder bequemer.

Dem Unterhaltspflichtigen ist es aber unter Umständen zu gestatten, den Unterhalt „in natura" zu gewähren, wenn dies für ihn wirtschaftlich besser zu verkraften ist. Er kann den Berechtigten dann in seinen Haushalt aufnehmen oder mit Lebensmitteln versorgen, wenn er z. B. Inhaber eines Lebensmittelladens
ist.

Nahe Verwandte werden immer vor den entfernteren Verwandten zu Unterhaltszahlungen herangezogen. Das bedeutet, dass Kinder vor Enkeln und Urenkeln
leisten müssen. Mehrere gleichnahe Verwandte, z.B. Geschwister, haften anteilig nach ihren Erwerbs- und Vermögensverhältnissen.

5. Berechnung des Unterhalts

a) Ausgangslage für die Berechnung des Unterhalts ist immer das Einkommen. Aber was zählt zum Einkommen? Muss man z. B. auch das Weihnachtsgeld hinzurechnen?

Auszugehen ist immer vom Bruttoeinkommen als Summe aller Einkünfte. Soweit Leistungen nicht monatlich anfallen (z. B. Weihnachts- und Urlaubsgeld), werden sie auf ein Jahr umgelegt. Einmalige Zahlungen wie Abfindungen sind auf einen angemessenen Zeitraum, der in der Regel mehrere Jahre beträgt, umzulegen. Auch die Vergütung für Überstunden wird dazugerechnet, ebenso teuerzahlungen oder -erstattungen, Arbeitslosengeld, Arbeitslosengeld II, Beamtenversorgung, Einnahmen aus einer Nebentätigkeit oder aus Schwarzarbeit, Krankengeld, Wohngeld, Unfallrenten, Versorgungsrenten, Ersparnisse durch die Bereitstellung eines Firmenwagens, Trinkgelder, Ortszuschläge, Feiertagszuschläge sowie der Wohnvorteil durch mietfreies Wohnen im eigenen Heim.

Kindergeld und Sozialhilfe werden dem Einkommen nicht hinzugerechnet, Elterngeld nur in Ausnahmefällen.

b) Abzüge: Anschließend wird das Einkommen bereinigt, d. h., es werden Abzüge vorgenommen. Was ist alles abzugsfähig?

- Vom Brutto-Einkommen sind die Steuern und Sozialabgaben abzuziehen. Das ergibt dann das Netto-Einkommen.

• Berufsbedingte Aufwendungen, die sich von den privaten Lebenshaltungskosten eindeutig abgrenzen lassen (z. B. die Fahrtkosten zur Arbeitsstätte), sind in angemessener Höhe abzuziehen. Bitte beachten Sie, dass zumindest nach Ansicht des OLG Köln ein pauschaler Abzug von 5 % nicht gewährt wird. Die Aufwendungen müssen im Einzelnen dargelegt werden.

• Kinderbetreuungskosten sind nur dann abzugsfähig, wenn die Betreuung durch Dritte wegen eigener Berufstätigkeit erforderlich ist.

• die Fahrtkosten des Unterhaltspflichtigen, der regelmäßig seine Eltern im Altersheim besucht.

• Berücksichtigungswürdige Schulden sind abzuziehen, so z. B. Kosten für die Abzahlung des Hauses. Abzugsfähig sind allerdings nicht Konsumkredite für Luxusaufwendungen.

• Die Kosten einer angemessenen privaten Krankenversicherung oder für die eigene Alters-vorsorge bzw. die Altersvorsorge des nicht erwerbstätigen Ehegatten können vom Einkommen abgezogen werden, vgl. dazu auch Kapitel 2 b.

• Ebenso können Unterhaltsansprüche anderer Personen, z. B. der eigenen Kinder, abgezogen werden. Wie hoch dieser ist, richtet sich ebenfalls nach der Düsseldorfer Tabelle. Die Tabellensätze enthalten allerdings keine Kranken- oder Pflegeversicherungsbeiträge für das Kind, wenn dieses nicht in der gesetzlichen Familienversicherung mitversichert ist. Das Einkommen ist dann zusätzlich um diese Kosten zu senken.

• Von den Einkünften des Unterhaltspflichtigen ist der Ehegattenunterhalt abzuziehen. Nach dem Gesetz sind Ehegatten einander verpflichtet, durch ihre Arbeit und ihr Vermögen die Familie angemessen zu unterhalten. Das bedeutet allerdings nicht, dass jeder Ehegatte das Gleiche bezahlen muss. Eine Verpflichtung zur Arbeit besteht nicht. Der eine Ehegatte kann auch durch Arbeit im Haushalt zum Unterhalt beitragen. Zu berücksichtigen ist auch der Taschengeldanspruch vom Ehegatten sowie der Kinder.

Hat der Ehegatte keine eigenen Einkünfte, steht ihm ein Taschengeld in der Höhe von ca. 5 % des Netto-Einkommens des anderen Ehegatten zu.

• Sind die Ehegatten geschieden und muss der Unterhaltspflichtige auch an den geschiedenen Partner Unterhalt bezahlen, kann er diesen ebenfalls von seinen sonstigen Einkünften abziehen.

• Der sogenannte erhöhte angemessene Eigenbedarf (Selbstbehalt) in Höhe von mindestens 1.500 Euro monatlich ist ebenfalls abzugsfähig; vgl. dazu auch Punkt c.

Der Unterhaltsanspruch richtet sich nach dem Betrag, der nach Abzug aller obigen Kosten übrig bleibt. Verdient der Unterhaltspflichtige nichts, stellt sich natürlich die Frage, ob dann der Ehegatte für seine Schwiegereltern aufkommen muss.

Grundsätzlich gehen die Gerichte nur von der Versorgung der leiblichen Eltern aus. Das Gehalt des Ehegatten fließt aber unter Umständen in die Berechnung mit ein. Verdient der Ehegatte sehr gut, hat der Ehepartner einen sogenannten Taschengeldanspruch gegen ihn mit der Folge, dass er doch eigenes Geld besitzt, das an die Eltern bezahlt qerden kann.

Zusammenfassend ist festzustellen, dass vom Nettoeinkommen des Unterhaltspflichtigen zunächst der Unterhalt für die eigenen Kinder und den Ehegatten, dann die sonstigen Kosten sowie der Selbstbehalt abgezogen werden. Erst, wenn die Einkünfte nicht übermäßig belastet werden, ist Unterhalt an den bedürftigen Elternteil zu leisten.

c) Selbstbehalt: Wie hoch ist der Selbstbehalt des Unterhaltspflichtigen? Dieser bemisst sich nach der Düsseldorfer Tabelle. Die Tabelle ist kein Gesetz und wird von den Gerichten lediglich als Orientierungshilfe herangezogen! Zudem haben viele Oberlandesgerichte (OLG), unter anderem auch das OLG Köln, Unterhaltsleitlinien herausgebracht, die den Selbstbehalt näher definieren. Der angemessene Selbstbehalt eines Alleinstehenden gegenüber den Eltern beträgt ab dem 01.01.2018 nach der Düsseldorfer Tabelle monatlich mindestens 1.800 Euro (einschließlich 480 Euro Warmmiete) zuzüglich der Hälfte des darüber hinausgehenden Einkommens. Für den Ehegatten beträgt der Mindestselbstbehalt 1.440 Euro (inklusive 380 Euro Warmmiete).

An dieser Stelle finden Sie einige Rechenbeispiele. Um die Berechnung zu vereinfachen, wird hier in allen Beispielen (Ausnahme: Beispiel 7) vom Nettoeinkommen ausgegangen, welches bereits bereinigt wurde, d.h., Abzüge für z. B. berufsbedingte Aufwendungen, eigene Altersvorsorge und ggf. Altersvorsorge für den nicht erwerbstätigen Ehegatten, Unterhalt für Kinder oder zusätzliche Krankenversicherung sind also bereits erfolgt.

An dieser Stelle soll noch einmal verdeutlicht werden, dass die eigene Altersvorsorge und ggf. die des Ehegatten immer Vorrang hat!

Weiterhin wird davon ausgegangen, dass die Warmmiete der Familie 860 Euro/Monat bzw. des Alleinstehenden 480 Euro/Monat beträgt. Ist die Miete höher, kann die Differenz unter Umständen vom Einkommen abgezogen werden. Zu berücksichtigen ist aber, dass die Wohnung sowie die Miete angemessen und bedarfsgerecht sein müssen. Wohnt ein kinderloses Ehepaar z. B. in einer Villa, für die eine monatliche Miete von 1.800 Euro bezahlt wird, können vom Einkommen nicht 1.000 Euro abgezogen werden. Hier würde man davon ausgehen, wie viel eine angemessene Wohnung kosten würde (z. B. 1.200 Euro, je nach örtlichem Mietspiegel). Vom Einkommen würde dann nicht die Differenz zwischen der tatsächlichen Miete und der fiktiven Miete von 860 Euro (im Beispiel: 1.000 Euro), sondern lediglich die Differenz zwischen einer den Umständen nach angemessenen Miete (hier: 1.200 Euro) und der fiktiven Miete (860 Euro) abgezogen.

Zu beachten ist auch, dass in einigen Fällen eine steuerliche Korrektur vorgenommen werden kann (vgl. dazu Beispiel 5).

Aber wie nimmt man die Berechnung des Eltern-unterhalts vor? Mit seinem Urteil vom 28. Juli 2010 hat der BGH nun endlich Klarheit bei der Unterhaltsberechnung in der Konstellation, in der der Unterhaltspflichtige mehr verdient als sein Ehegatte, geschaffen. So heißt es im Urteil:

1. Verfügt der Unterhaltspflichtige über höhere Einkünfte als sein Ehegatte, ist die Leistungsfähigkeit zur Zahlung von Elternunterhalt in der Regel wie folgt zu ermitteln: Von dem Familieneinkommen wird der Familienselbstbehalt in Abzug gebracht. Das verbleibende Einkommen wird um die Haushaltsersparnis vermindert. Die Hälfte des sich ergebenden Betrages kommt zuzüglich des Familienselbstbehalts dem Familienunterhalt zugute. Zu dem so bemessenen individuellen Familienbedarf hat der Unterhaltspflichtige entsprechend dem Verhältnis der Einkünfte der Ehegatten beizutragen. Für den Elternunterhalt kann der Unterhaltspflichtige die Differenz zwischen seinem Einkommen und seinem Anteil am Familienunterhalt einsetzen.

2. Die Haushaltsersparnis, die bezogen auf das den Familienselbstbehalt übersteigende Familieneinkommen eintritt, ist regelmäßig mit 10 % dieses Mehreinkommens zu bemessen.

3. Aufwendungen für eine Hausrats- und Haftpflicht-

versicherung sind auch bei der Inanspruchnahme auf Elternunterhalt nicht als vorweg abziehbare Verbindlichkeiten zu behandeln.

4. Ist der Unterhaltspflichtige vor Erreichen der gesetzlichen Altersgrenze in den Ruhestand getreten, können Aufwendungen für eine zusätzliche Altersversorgung weiterhin abzugsfähig sein.

5. In Höhe des dem Unterhaltsberechtigten sozialrechtlich gewährten angemessenen Barbetrags (§ 35 Abs. 2 Satz 1 SGB XII) sowie des Zusatzbarbetrags (§ 133 a SGB XII) ist auch unterhaltsrechtlich ein Bedarf anzuerkennen.“

Beispiel 1:
Sie sind alleinstehend und verdienen monatlich 3.000 Euro netto.
Einkommen: 3.000 Euro
Abzug Mindestselbstbehalt: 1.800 Euro
Abzug Hälfte der Differenz Einkommen / Mindestselbstbehalt:
3.000 – 1.800 = 1.200 Euro dividiert durch 2 = 600 Euro
Zwischensumme Selbstbehalt: 2.400 Euro (1.800 Euro + 600 Euro)
Zwischensumme verfügbares Einkommen: 600 Euro (Einkommen abzgl. Selbstbehalt)
Elternunterhalt: maximal 600 Euro

Beispiel 2:
Verheiratetes Ehepaar, 2 Kinder (8 und 10 Jahre alt).
Ehemann M verdient im Monat 4.000 Euro netto, Ehefrau

F verdient 2.000 Euro netto. M wird zum Unterhalt herangezogen.
Einkommen der Familie gesamt: 6.000 Euro
Abzüge Mindestselbstbehalt M (1.800 Euro) und F (1.440 Euro) vom bereinigten Einkommen = 2.760 Euro
Abzug Haushaltsersparnis: 276 Euro (10 % vom das den Familienselbstbehalt übersteigende Familieneinkommens
Zwischensumme: 2.484 Euro
Die Hälfte dieser errechneten Summe ist zum Selbstbehalt des Unterhaltspflichtigen zu addieren; d. h. 1.242 Euro.
Daraus errechnet sich der folgende Bedarf für die Familie:
1.800 Euro (M) + 1.440 Euro (F) + 1.242 Euro = 4.482 Euro
Da der Unterhaltpflichtige doppelt so viel verdient wie Ehegatte F, entfallen auf ihn 2/3 des Selbstbehalts. Das sind 2.988 Euro. Vom Einkommen von M sind also 2.988 Euro abzuziehen (sein Anteil am Familienbedarf); der verbleibende Rest von 1.012 Euro steht demnach maximal für den Unterhalt des Elternteils zur Verfügung.
Elternunterhalt maximal: 1.012 Euro

Beispiel 3:
Verheiratetes Ehepaar, keine Kinder. Ehemann M verdient monatlich 3.500 Euro netto (bereits bereinigt), Ehefrau F hat kein Einkommen. M wird zum Unterhalt seiner Mutter herangezogen.
Einkommen M und F: 3.500 Euro
Abzüge Mindestselbstbehalt M (1.800 Euro) und F (1.440 Euro) = 260 Euro
Abzug Haushaltsersparnis: 26 Euro (10 % vom das den Familienselbstbehalt übersteigende Familieneinkommens
Zwischensumme: 234 Euro

Die Hälfte dieser errechneten Summe ist zum Selbst-behalt des Unterhaltspflichtigen zu addieren; d. h. 117 Euro. Daraus errechnet sich der folgende Bedarf für die Familie:
1.800 Euro (M) + 1.440 Euro (F) + 117 Euro = 3.357 Euro
Da F überhaupt kein Einkommen hat, entfallen auf M 100 % des errechneten Selbstbehalts. Vom Einkommen von M sind also 3.357 Euro abzuziehen (sein Anteil am Familienbedarf); der verbleibende Rest von 143 Euro steht demnach maximal für den Unterhalt des Elternteils zur Verfügung.
Elternunterhalt maximal: 143 Euro

Beispiel 4:
Verheiratetes Ehepaar, 2 Kinder. Ehemann M verdient 5.000 Euro netto (bereinigt; der Unterhalt für die Kinder etc. wurde bereits abgezogen). Ehefrau F, die keine Einkünfte hat, wird zum Unterhalt herangezogen.

Da F keine Einkünfte hat, kann sie eigentlich auch keinen Unterhalt für ihre Eltern bezahlen. Ihr Ehemann hat jedoch hohe Einkünfte, und somit ist ihr Lebensunterhalt gesichert. Gegen ihren Ehemann hat sie einen Taschengeldanspruch. Einen Teil dieses Anspruchs muss sie unter Umständen für den Unterhalt ihrer Eltern bezahlen.

Beispiel 5:
Verheiratetes Ehepaar, keine Kinder. F verdient 3.000 Euro netto (Steuerklasse 3), M 2.000 Euro netto (Steuerklasse 5). M wird zum Unterhalt seiner Mutter herangezogen.
Nettoeinkommen von F und M: 5.000 Euro
Abzüge Mindestselbstbehalt M (1.800 Euro) und F (1.440 Euro) = 3.240 Euro

Abzug Hälfte der Differenz Einkommen / Mindestselbstbehalt: 5.000 – 3.240 = 1.760 Euro dividiert durch 2 = 880 Euro
Zwischensumme Selbstbehalt gesamt: 4.120 Euro (3.240 Euro + 880 Euro)
Zwischensumme verfügbares Einkommen M und F:
5.000 Euro – 4.120 Euro = 880 Euro
Davon Anteil M: 40 % (er verdient schließlich nur 2/3 der Summe von F) = 352 Euro
Elternunterhalt: maximal 352 Euro

Aber: In dieser Konstellation würde höchstwahrscheinlich eine steuerliche Korrektur vorgenommen, bei der dem Einkommen von M die Differenz zur Steuerklasse 1 hinzugerechnet würde.

Beispiel 6:
Wie oben, aber F wird zum Unterhalt herangezogen.
Nettoeinkommen von F und M: 5.000 Euro
Abzüge Mindestselbstbehalt M (1.800 Euro) und F (1.440 Euro) = 3.240Euro
Zwischensumme: 1.760 Euro
Abzug Haushaltsersparnis: 176 Euro (10 % vom das den Familienselbstbehalt übersteigende Familieneinkommens
Zwischensumme: 1.584 Euro
Die Hälfte dieser errechneten Summe ist zum Selbstbehalt des Unterhaltspflichtigen zu addieren;
d. h. 792 Euro. Daraus errechnet sich der folgende Bedarf für die Familie:
1.800 Euro (F) + 1.440 Euro (M) + 792 Euro = 4.082 Euro
Auf die Unterhaltpflichtige entfallen 3/5 des Selbstbe-

halts. Das sind 2.419,20 Euro, die vom Einkommen von F abzuziehen sind (ihr Anteil am Familienbedarf); der verbleibende Rest von 580,80 Euro steht demnach maximal für den Unterhalt des Elternteils zur Verfügung.
Elternunterhalt maximal: 580,80 Euro

Beispiel 7:
M verdient 4.000 Euro netto; er ist seiner geschiedenen Frau F und seinem 5-jährigen Kind gegenüber unterhaltspflichtig. F arbeitet nicht. M wird zum Elternunterhalt herangezogen.
Nettoeinkommen M: 4.000 Euro
Abzug Kindesunterhalt nach Düsseldorfer Tabelle: 457 Euro
Zwischensumme: 3.543 Euro
Abzug Unterhalt für F: 3/7 des Einkommens (Kindesunterhalt wird vorher abgezogen) = 1.518 Euro (gerundet)
Zwischensumme bereinigtes Einkommen: 2.025 Euro
Mindestselbstbehalt gegenüber Eltern: 1.800 Euro
Abzug Hälfte der Differenz Einkommen / Mindestselbstbehalt: 2.025 Euro – 1.800 Euro = 225 Euro dividiert durch 2 = 112,50 Euro
Zwischensumme Selbstbehalt gesamt: 1.912,50 Euro (1.800 Euro + 112,50 Euro)
Zwischensumme verfügbares Einkommen M:
2.025 Euro – 1.912,50 Euro = 112,50 Euro
Elternunterhalt: maximal ca. 112,50 Euro

Anders kann die Lage sein, wenn die Familie in einem (noch nicht abbezahlten) Eigenheim lebt. Hier wird dem Einkommen zunächst ein fiktiver Wohnwert, der sich an dem Bedarf der Familie sowie an dem örtlichen Mietspiegel orientiert, hinzugerechnet. Vom Einkommen

abzuziehen sind aber wiederum die Zins- und Tilgungsleistungen.

Ist das Eigenheim bereits abbezahlt, wird dem Einkommen der Familie eine fiktive Miete hinzu-gerechnet, die sich am örtlichen Mietspiegel sowie am Bedarf der Familie orientiert. Zu berücksichtigen ist auch, dass die Sparrate von 5 % für die Altersvorsorge in der Regel nur dann anerkannt wird, wenn kein belastungsfreies Grundvermögen vorhanden ist! Hier kann allerdings keine einheitliche Aussage getroffen werden.

Auf den Internetseiten ww.elternunterhaltsrechner.de können Sie eine kostenfreie Berechnung durchführen und bis zu 10 mal in wenigen Schritten errechnen, ob Sie unterhaltspflichtig sind oder nicht. Hierfür müssen Sie sich lediglich auf dem Portal registrieren.

6. Beteiligung des Amts für Soziales und Senioren

Oft werden die Ansprüche der Eltern gegen ihre Kinder erst durch das Amt für Soziales und Senioren geltend gemacht. Viele Menschen wissen gar nicht, dass auch Kinder für den Unterhalt ihrer Eltern verantwortlich sind. Wie ist die Lage, wenn das Amt für Soziales und Senioren sich jetzt an Sie wendet und von Ihnen die Zahlungen, die es an Ihre Eltern geleistet hat, erstattet haben möchte?

Der Sozialhilfeträger kann im eigenen Namen vor den Zivilgerichten die Aufwendungen, d. h. den Unterhalt für den Sozialhilfeempfänger, gegenüber dem Unterhaltspflichtigen einklagen. Erhält man vom Amt für Soziales und Senioren eine Aufforderung zur Zahlung, kann man diese verweigern. Das Amt für Soziales und Senioren muss dann vor dem zuständigen Gericht den Unterhalt einklagen. Bitte beachten Sie, dass Unterhalt für Schwiegereltern niemals eingeklagt werden kann!

Eine Ausnahme besteht nur dann, wenn z. B. die Ehefrau aufgrund ihres hohen Unterhalts- und Taschengeldanspruchs gegenüber ihrem Ehemann aus diesem „Einkommen“ Unterhalt an ihre Eltern bezahlen muss.

Bevor Sie vom Amt für Soziales und Senioren zur Bezahlung aufgefordert werden, müssen Sie diesem erst einmal Auskunft über Ihre Einkommens- und Vermögensverhältnisse erteilen. Auch dazu werden Sie schriftlich aufgefordert. Weigern Sie sich, Auskunft zu erteilen, müssen Sie mit der Festsetzung eines Zwangsgeldes rechnen!

Dann ermittelt die Behörde, ob und wie viel Unterhalt Sie bezahlen müssen. Im Prinzip muss der Unterhaltspflichtige der Behörde den gesamten Betrag bezahlen.

Aber nicht nur Unterhalt kann gefordert werden, das Amt für Soziales und Senioren kann Sie auch nach Schenkungen fragen, die Ihnen der Unterhalts-berechtigte innerhalb der letzten zehn Jahre gemacht hat. Da der Schenker mittlerweile hilfsbedürftig ist, dürfen Schenkungen zurückgefordert werden, auch wenn normalerweise der Grundsatz „Geschenkt ist geschenkt, wiederholen ist gestohlen“ gilt.

Sie haben dem Amt für Soziales und Senioren Auskunft über Ihre Einkommens- und Vermögensverhältnisse gegeben, und erhalten einige Zeit später ein Schreiben. In diesem Schreiben, welches als Bescheid bezeichnet wird, werden Sie zu Unterhaltszahlungen in einer bestimmten Höhe verpflichtet.

An dieser Stelle sei wiederholt angemerkt, dass es in Deutschland keine einheitliche Regelung gibt, wer in welchem Fall welche Summe bezahlen muss. Die Ämter entscheiden also immer unterschiedlich – deshalb haben die Bescheide eine hohe Fehlerquote!

Wie kann man sich gegen den Bescheid wehren, wenn man entweder mit der Zahlungsverpflichtung als solche oder mit der Höhe der zu zahlenden Summe nicht einverstanden ist? Gegen einen Bescheid ist der Widerspruch das richtige Rechtsmittel. Dieser ist binnen einer bestimmten Frist, die in dem an Sie gerichteten Bescheid angegeben ist, schriftlich einzureichen.

In Ihrem Widerspruchsschreiben müssen Sie möglichst genau erläutern, warum Sie mit der Unterhaltsverpflichtung bzw. mit der festgesetzten Höhe nicht einverstanden sind. Am besten ist es, die Einwände direkt in dem Schreiben durch Beweise zu untermauern.

Ein Grund für einen Widerspruch kann z. B. dann vorliegen, wenn die Inanspruchnahme des Ver-pflichteten grob unbillig wäre. Was das genau
bedeutet, wurde bereits in Kapitel 4 umfassend erläutert. Die Beweislast liegt bei Ihnen.

7. Gerichtsurteile

Der Bundesgerichtshof BGH ist das oberste deutsche Zivilgericht und hat seinen Sitz in Karlsruhe. Er trifft die letzten Entscheidungen in Zivilsachen, d. h. in Miet-, Kauf-, Erbsachen, aber auch in Familienangelegen-heiten und Strafsachen. An dieser Stelle finden Sie eine Übersicht der für Sie relevanten Gerichtsurteile in einer Zusammenfassung; die vollständigen Urteile können Sie im Internet nachlesen unter: www.bundesgerichtshof.de.

Zur Erläuterung: Ein Aktenzeichen (Az.) setzt sich zusammen aus dem Senat, das heißt der Abteilung des Gerichts (z. B. XII), aus dem Oberbegriff der Sache (ZR steht für Zivilrecht) und der laufenden Nummer (z.B. 266) des Jahres (z. B. 99), in dem die Sache begonnen hat. Das Aktenzeichen XII ZR 266/99 steht demnach für die 266. Sache des XII. Senats, der für Zivilsachen zuständig ist, aus dem Jahre 1999.

BGH-Urteil vom 18.1.2017, Az: XII ZB 118/16
Tilgungsleistungen im Rahmen von Kreditraten für das selbst genutzte Eigenheim können bis zur Höhe des Wohnvorteils vom Einkommen des Elternunterhaltspflichtigen abgezogen werden, ohne dass dies seine Befugnis zur Bildung eines zusätzlichen Altersvorsorgeschonvermögens schmälert.

BGH-Urteil vom 9.3.2016, Az: XII ZB 693/14
Ein Unterhaltspflichtiger, der mit seiner Lebensgefährtin und dem gemeinsamen Kind zusammen lebt, kann lediglich den derzeit geltenden Mindestfreibetrag von 1.800 Euro

für einen Ledigen geltend machen. Allerdings kann zum einen der Unterhalt für sein Kind, zum anderen auch den Unterhaltsanspruch der Lebensgefährtin eines nicht ehelichen Kindes in Abzug gebracht werden.

BGH-Urteil vom 12.2.2014, Az.: XII ZR 607/12
Der BGH hat in diesem Urteil entschieden, „dass ein vom Unterhaltsberechtigten ausgehender einseitiger Kontaktabbruch gegenüber seinem volljährigen Sohn für eine Verwirkungen seines Anspruchs auf Elternunterhalt allein regelmäßig nicht ausreicht".

BGH-Urteil vom 7.8.2013, Az.: XII ZR 269/12
In einem Grundsatzurteil hat der BGH entschieden, dass die selbst genutzte Eigentumswohnung eines Sohnes nicht zur Berechnung des Unterhalts seiner pflegebedürftigen Mutter herangezogen wird.

BGH-Urteil vom 4.9.2010, Az.: XII ZR 148/09
Eine Störung der familiären Beziehungen reicht grundsätzlich nicht, um eine unbillige Härte zu begründen und damit einen Anspruchsübergang auf den Träger der Sozialhilfe auszuschließen.

BGH-Urteil vom 28.7.2010, Az.: XII ZR 140/07
Der BGH hat in diesem Urteil eine Berechnungsmethode aufgestellt, wie sich der Elternunterhalt zusammensetzt.

BGH-Urteil vom 30.8.2006, Az.: XII ZR 98/04
Leitsatz: „Dem Unterhaltsschuldner steht es grundsätzlich frei, in welcher Weise er neben der gesetzlichen Rentenversicherung Vorsorge für sein Alter trifft. Sichert er den

Fortbestand seiner gegenwärtigen Lebensverhältnisse durch Sparvermögen oder ähnliche Kapitalanlagen, muss ihm davon jedenfalls der Betrag verbleiben, der sich aus der Anlage der ihm unterhaltsrechtlich zuzubilligenden zusätzlichen Altersvorsorge (bis zu 5 % des Bruttoeinkommens beim Elternunterhalt) bis zum Renteneintritt ergäbe."

BGH-Urteil vom 21.4.2004, Az.: XII ZR 251/01
Ein erwachsenes Kind ist nicht zum Unterhalt verpflichtet, wenn sich der pflegebedürftige Vater auf Grund einer psychischen Erkrankung im Grunde nie um das Kind gekümmert hat.

BGH-Urteil vom 21.4.2004, Az.: XII ZR 326/01
Das erwachsene Kind muss seinen Vermögensstamm nicht verwerten, wenn dies mit einem wirtschaftlich nicht mehr zu vertretenen Nachteil verbunden ist.

BGH-Urteil vom 28.1.2004, Az.: XII ZR 218/01
Der Unterhaltspflichtige ist leistungsfähig, wenn er das aus einer Nebentätigkeit erzielte Einkommen tatsächlich für eigene Zwecke verwenden kann. Leistungsfähig ist ein Unterhaltspflichtiger aber auch dann, wenn er sein Einkommen zwar für den Familienunterhalt einsetzt, hierzu aber nicht rechtlich verpflichtet ist, weil er bereits durch die Haushaltsführung in ausreichender Weise zum Familienunterhalt beiträgt.

BGH-Urteil vom 14.1.2004, Az.: XII ZR 69/01
Die unterhaltspflichtige Tochter darf nicht zu Lasten ihrer Eltern eine ungünstige Steuerklasse wählen. Wenn das

Einkommen des Ehegatten so hoch ist, dass beide Ehepartner bequem davon leben können, muss sie ihr Geld nicht für den Familienunterhalt einsetzen und ist deshalb als leistungsfähig gegenüber ihren Eltern anzusehen.

BGH-Urteil vom 14.1.2004, Az.: XII ZR 149/01
Vom Bruttoeinkommen des Unterhaltpflichtigen dürfen 5 % für die zusätzliche Altersvorsorge abgezogen werden.

BGH-Urteil vom 17.12.2003, Az.: XII ZR 224/00
Kinder haften für ihre Eltern auch dann, wenn sie wenig verdienen, ihr Ehegatte aber ein hohes Gehalt bezieht.

BGH-Urteil vom 15.10.2003, Az.: XII ZR 122/00
Das Amt für Soziales und Senioren darf Zahlungen verlangen, wenn die arbeitslose Ehefrau einen Taschengeldanspruch gegen ihren gut verdienenden Ehemann besitzt.

BGH-Urteil vom 19.3.2003, Az.: XII ZR 123/00
Der Wohnvorteil ergibt sich aus den Mietkosten für eine angemessene Wohnung. Er wird durch Grundstückskosten und Tilgungsanteile im Darlehen, das zur Finanzierung der Wohnung aufgenommen wurde, gemindert.

BGH-Urteil vom 24.10.2002, Az.: XII ZR 266/99
Der Unterhaltspflichtige braucht keine spürbare und dauerhafte Senkung seiner Lebensverhältnisse hinzunehmen, es sei denn, er lebt im Luxus.

Hier auch noch ein Urteil des Bundesverfassungsgerichts. Das Gericht hat seinen Sitz ebenfalls in Karlsruhe und wacht über die Einhaltung des Grundgesetzes für Deutschland. Die Entscheidungen dieses Gerichts können nicht angefochten werden!

Urteil vom 7.6.2005, Az.: 1 BvR 1508/96
Erwachsene Kinder müssen für ihre Eltern, die in einem Pflegeheim untergebracht sind, nur beschränkt Unterhalt bezahlen. Der so genannte Elternunterhalt hat nach Auffassung des Bundesverfassungsgerichts ein nur nachrangiges Gewicht. Das vollständige Urteil ist unter www.bundesverfassungsgericht.de im Internet einzusehen.

Made in the USA
Coppell, TX
05 November 2026

11307221R00031